4.—

Laja laja curalaja

Singen, tanzen und spielen
in vielen Sprachen

© a:primo

Herausgeber: Verein a:primo, Technoparkstrasse 2, 8406 Winterthur, Schweiz, www.a-primo.ch
a:primo engagiert sich dafür, dass jedes Kind in der Schweiz sich gesund entwickeln und sein Potential bestmöglichst entfalten kann.
Die Frühförderprogramme von a.primo leisten einen wichtigen Beitrag dazu.

© 2017 a:primo, Winterthur
3. Auflage

Lieder, Verse, Spielanregungen: Gesammelt, ausgewählt und zusammengestellt von Silvia Hüsler und Cornelia Hausherr
Illustrationen: Silvia Hüsler
Satz und Gestaltung: vitamin©, Zürich
Korrektorat: Günther Fässler
Druck: Mohn Media, Gütersloh, DE
Projektleitung: Gabriela Widmer

Lieder und Verse auf der CD: Gesungen, gesprochen und musikalisch begleitet von Studentinnen der Pädagogischen Hochschule Thurgau PHTG, Studiengang Vorschulstufe: Natalia Gallati, Seraina Hungerbühler, Stanislava Kasikovic, Yvonne Lafos, Elisa Ricchiuto, Ardita Sadiki, Jasmin Stromeyer, Daniela Trinkler
Leitung: Werner Fröhlich, Dozent Fachbereich Musik an der Pädagogischen Hochschule Thurgau PHTG
Aufnahme, Notensatz, CD-Herstellung: Tonstudio AVALON Music, Berg

Dank: Ein besonderer Dank für die Mitwirkung beim Zusammentragen und Überprüfen der Schreibweise und Aussprache der Lieder und Texte geht an: Pheben Asghedom, Diana Diaz-Hess, Jelena Ferster, Maria da Graça Fragoso, Thanaa Alsharabati Khulki, Christine Knaus, Milica Ladjević, Ramize Maloku, Françoise Muret, Elisabeth Nufer, Claudia Ripamonti, Vathany Sriranjan, Barbara Sträuli Arslan, Tatjana Ünal

ISBN 978-3-9524193-2-8

© a:primo

Dieses Buch gehört:

Inhalt

Hinweise zu Buch und CD — 6
Singen, tanzen und spielen in vielen Sprachen — 7

Nr.	Titel		Schweizerdeutsch	Deutsch	Französisch	Italienisch	Spanisch	Portugiesisch	Bosnisch/Kroatisch/Serbisch	Albanisch	Tamil	Türkisch	Russisch	Kurdisch Kurmancî	Tigrinya	Arabisch	Seite
Tiere																	
01	Häsli i de Gruebe	Lied	•	•					•								8
02	Po nget lep'ri	Vers								•							10
03	Es chunt en Bär	Vers	•														11
04	Mischka	Vers											•				11
05	Caracol-col-col	Vers					•										12
06	Rola pombinha	Lied						•									13
07	Rössli, lauf Galopp	Lied	•														14
08	Patschai killjee	Vers									•						15
09	Chicchirichì	Vers				•											16
10	Balschaia krakadila	Vers											•				17
11	Kap, kap, kap	Vers								•							18
12	Es rägnet uf de Platz	Vers	•														19
13	Döt äne am Bergli	Lied	•														20
14	Mini mini bir kuş	Lied										•					22
15	Tenho um cãozinho	Vers						•									23
16	Klingelingeling	Vers		•													24
17	Kommt eine Maus	Vers		•													24
Singen, tanzen, spielen																	
18	Annebäbeli	Lied	•														25
19	Ringel ringel Reie	Lied	•		•				•	•							26
20	Chiquitín Manolín	Lied					•										29
21	Zwei Buben wollen was kaufen	Vers	•	•													30
22	Eu gosto muito	Vers						•									31
23	Waruga	Lied									•						32
24	Eis, zwei, drei, lupfed eui Bei	Vers	•														33
25	Laja laja curalaja	Lied									•						34
26	Schuemächerli	Lied	•														35
27	Je te tiens	Lied			•												36
28	Holderi holderi Holderistock	Vers	•	•													37
29	Les petites marionnettes	Lied			•												38
30	Que fait ma main?	Vers			•												40
31	Samaljot	Vers											•				41
32	Ich han es chliises Schiffli	Lied	•														42
33	Zibedi zäbedi Zah	Vers	•														42
34	Eine kleine Dickmadam	Vers		•													43

© a:primo

Nr.	Titel		Schweizerdeutsch	Deutsch	Französisch	Italienisch	Spanisch	Portugiesisch	Bosnisch/Kroatisch/Serbisch	Albanisch	Tamil	Türkisch	Russisch	Kurdisch Kurmancî	Tigrinya	Arabisch	Seite
Küchenverse																	
35	Palomitas	Vers					•										44
36	De Hansli am Bach	Vers	•														45
37	Bum bam beier!	Vers		•													46
38	Uno due tre	Vers				•											47
39	Eni meni ceni	Vers							•								48
40	Çan çan çikolata	Vers										•					49
41	Tapshin	Lied								•							50
42	Fiş fiş	Vers										•					51
43	Lirum larum Löffelstiel	Vers		•													52
44	Era uma vez	Vers						•									53
Zehenspiel, Fingerspiele, Kniereiter, Trostverse																	
45	Mini Zeche	Vers	•														54
46	Dä isch is Wasser gfalle	Vers	•														55
47	Der ist in den Brunnen gefallen	Vers		•													55
48	Saaintaadamma	Vers									•						56
49	Petit pouce part en voyage	Vers			•												57
50	Sana que sana	Vers					•										58
51	Heile, heile, Säge	Vers	•														58
52	Rite, rite, Rössli	Vers	•														59
Wiegenlieder																	
53	Chindli mii, schlaf nu ii	Lied	•														60
54	Araro arivero?	Lied									•						62
55	Plakala mala Vidica	Lied							•								63
56	Bolli bolli pentolino	Lied				•											64
Nicht auf CD																	
57	Baranê bibar!	Vers												•			65
58	Tapti hamra	Vers														•	66
59	Kolhum andon sayarat	Vers														•	67
60	Tsimbilali tsaeda tsaeda	Vers													•		68

© a:primo

Hinweise zum Buch

Lieder und Verse
Die Lieder und Verse sind in der Originalsprache wiedergegeben. Zu jedem Lied gibt es Notenangaben mit einfachen Begleitakkorden. Zudem sind viele Lieder und Verse mit einer Spielidee ergänzt.

Immer dann, wenn eine Sprache anders ausgesprochen wird als geschrieben, folgt eine Aussprachehilfe. Diese ist mit einer Sprechblase gekennzeichnet.

Um den Inhalt zu vermitteln, sind die fremdsprachigen Lieder und Verse wörtlich ins Deutsche übersetzt. Die Übersetzungen eignen sich nicht zum Nachsingen oder Nachsprechen, denn Sprachwitz, Reime, Rhythmus und Lautmalereien gehen in der der wörtlichen Übersetzung oft verloren.

CD
Die Lieder und Verse sind musikalisch begleitet und regen mit spielerischen Arrangements zum Nachahmen an. Die Nummer der Lieder bzw. Verse stimmt mit der Nummer auf der CD überein. Im Buch finden Sie die Lieder- und Vers-Nummer im Inhaltsverzeichnis links aussen sowie neben dem jeweiligen Titel. Die Verse im Buch, die nicht auf der CD enthalten sind, werden in einem separaten Kapitel aufgeführt.

Illustrationen

Silvia Hüsler hat die Lieder und Verse mit farbenfrohen Figuren in verschiedenen Techniken illustriert. Verspielt, fantasievoll und mit vielen Details ausgestattet, vermitteln die Illustrationen auf den ersten Blick, worum es im Lied oder Vers geht.

Silvia Hüsler lebt in Zürich und im italienischen Rialto. Sie ist Fachfrau für interkulturelle Pädagogik, Autorin und Illustratorin von vielen, oft mehrsprachigen Bilderbüchern, wie «Besuch vom kleinen Wolf» oder «Die Katze Mieze Matze».

© a:primo

Spass beim Singen, Tanzen, Spielen

Lieder und Verse verbinden Kinder und Erwachsene auf der ganzen Welt.

Tor zur Welt öffnen
Singen Sie mit Ihrem Kind und lassen Sie es ein Lieblingslied wählen.
Singen, sprechen und spielen Sie immer wieder in Ihrer Muttersprache.
Wiederholen Sie die Verse und Lieder viele Male mit Ihrem Kind. Kinder lieben Wiederholungen.

Vielfältige Ideen einbauen
Erzählen Sie Geschichten zu den fröhlichen Bildern im Buch.
Klatschen und hüpfen Sie mit Ihrem Kind zum Rhythmus der Verse und Lieder.
Begleiten Sie die Lieder und Verse mit Rassel, Trommel und anderen einfachen Rhythmusinstrumenten.
Fragen Sie Ihr Kind, was es auf dem Bild erkennt. So kann es herausfinden, wovon das Lied oder der Vers handelt.

Geborgenheit schenken
Nehmen Sie Ihr Kind in die Arme, wenn es traurig ist oder ihm etwas wehtut, und trösten Sie es mit einem Vers.
Singen Sie Ihrem Kind zum Einschlafen ein Wiegenlied.
Spielen und tanzen Sie gemeinsam mit Ihrem und anderen Kindern.
Lachen Sie in der Familie über lustige Wortspielereien.

Wir wünschen Ihnen viel Freude beim Singen, Tanzen und Spielen!

© a:primo

Tiere

01 Häsli i de Gruebe

Häs - li i de Grue - be, sitzt und schlooft, sitzt und schlooft.

O arms Häs - li bisch du chrank, dass du nü - me gum-pe chasch? Häs - li gump, Häs - li gump,

Häs - li gump!

Tiere

Bosnisch/Kroatisch/ Serbisch

U šumici zeka
sedi spi,
sedi spi.
Jadan zeko, šta ti bi,
što ne možeš skočiti?
Skoči sad, skoči sad,
skoči sad!

Deutsch

Häschen in der Grube,
sitzt und schläft,
sitzt und schläft.
Armes Häschen, bist du krank,
dass du nicht mehr hüpfen kannst?
Häschen hüpf, Häschen hüpf,
Häschen hüpf!

Aussprache 💬

U schumizi seka,
sedi spi,
sedi spi.
Jadan seko, schta ti bi,
schto ne mosches skotschiti!
Skotschi sad, skotschi sad,
skotschi saad!

Schweizerdeutsch

Bosnisch/Kroatisch/ Serbisch

Deutsch

Spiel mit einem Kind

Das Kind setzt sich als Häschen auf den Boden und schläft (es schliesst die Augen). Auf «Häschen hüpf!» öffnet es die Augen und hüpft davon.

Spiel mit einer Gruppe

Die Kinder sitzen im Kreis. Ein Kind setzt sich als Häschen in die Mitte und schläft (es schliesst die Augen). Auf «Häschen hüpf!» klatschen alle Kinder. Das Häschen öffnet die Augen und hüpft zu einem Kind seiner Wahl. Dieses Kind wird das neue Häschen.

© a:primo

Tiere

02 Po nget lep'ri

Albanisch

Spiel

Den Vers dreimal wiederholen. Beim ersten Mal mit den Händen (als Ohren) über dem Kopf wackeln. Beim zweiten Mal auf einem Bein hüpfen. Beim dritten Mal auf dem anderen Bein hüpfen. Zum Schluss die Hand aufs Herz legen und spüren, wie schnell es schlägt.

Albanisch
Po nget lep'ri,
hop, hop, hop.
I rrah zemra,
klop, klop, klop.

Aussprache 💬
Po nget le**p**ri,
hop, hop, hop.
I rrah semr**a**,
klop, klop, klop.

Deutsche Übersetzung
Der Hase rennt, hopp, hopp, hopp. Das Herz klopft, klop, klop, klop.

© a:primo

03 Es chunt en Bär

Schweizerdeutsch
Es chunt en Bär.
Wo chunt er här?
Wo wott er hi?
Jetzt packt er di.

Deutsche Übersetzung
Es kommt ein Bär. Wo kommt er her? Wo will er hin? Jetzt packt er dich.

Schweizerdeutsch

Russisch

Spiel
Das Kind wiegt seinen Teddybären oder ein anderes Kuscheltier zum Vers. Am Schluss drückt es sein Kuscheltier zärtlich an sich.

Mit den Fingern am Arm des Kindes hinaufkrabbeln und am Ende des Verses zärtlich am Bauch, an den Ohren, am Fuss packen. Dazu in der Muttersprache rufen: «Bär, Bär, Bär!»

«Bär» in zehn Sprachen
Albanisch: Arushë
Bosnisch/Kroatisch/Serbisch: Medved
Französisch: Ours
Italienisch: Orso
Portugiesisch: Urso
Russisch: Medwed
Schweizerdeutsch: Bär
Spanisch: Oso
Tamil: Karadi
Türkisch: Ayi

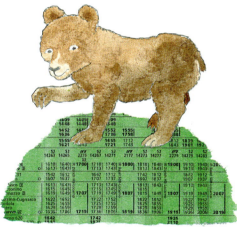

04 Mischka   Мишка

Russisch
Уронили мишку на пол.
Оторвали мишке лапу.
Всё равно его не брошу –
потому что он хороший.

Aussprache 💬
Uranili mischku na pol.
Atarwali mischke lapu.
Vsjo ravno jewo nje broschu –
patamu schta on charoschij.

Deutsche Übersetzung
Der Teddybär wurde auf den Boden geschmissen. Seine Pfote wurde ihm abgerissen. Aber ich werfe ihn nicht weg – denn er ist so lieb.

© a:primo

Tiere

05 Caracol-col-col

Spanisch

Spiel
Eine Schnecke nachahmen: Auf den Bauch liegen, die Zeigefinger als Fühler über den Kopf strecken und sich rutschend vorwärtsbewegen.

Einen Spaziergang machen, Schnecken suchen und sie beobachten.

Spanisch
Caracol-col-col,
saca los cuernos al sol,
que tu madre y tu padre
ya los sacaron.

Aussprache 💬
Garagg**o**l-gol-gol,
sagga los gu**e**rnos al sol,
ge tu m**a**dre i tu p**a**dre
ja los saggar**on**.

Deutsche Übersetzung
Schnecke-ke-ke, streck deine Fühler zur Sonne, so wie deine Mutter und dein Vater sie herausstrecken.

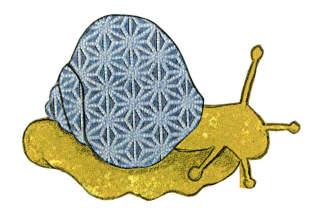

Tiere

06 Rola pombinha

Portugiesisch

Ro - la pom - bi - nha lá no te - lha - do. Vem o pom - bi - nho
Ro - la pom - bi - nja la nu te - ja du. Weim u pom - bi - njo

põe se do la - do. Vem o pom - bi - nho põe se do la - do.
poe se du la - du. Weim u pom - bi - njo poe se du la - du.

Deutsche Übersetzung
Flieg, kleine Taube, auf das Dach. Komm, kleine Taube, setz dich an meine Seite.
Komm, kleine Taube, setz dich an meine Seite.

© a:primo

Tiere

07 Rössli, lauf Galopp

Hopp, hopp, hopp, Röss-li, lauf Ga-lopp! Ü-ber Schtock und Schtei und Gra-be mues das Röss-li wii-ter-tra-be: Hopp, hopp, hopp, hopp, hopp, Röss-li, lauf Ga-lopp!

Schweizerdeutsch

Spiel
Zum Lied mit einem Spielzeugpferd über den Tisch galoppieren.

Einen Stecken oder Besenstiel zwischen die Beine klemmen und zum Lied reiten.

Zu zweit: Die Kinder tragen einander abwechslungsweise huckepack und reiten zum Lied.

Die erwachsene Person setzt das Kind auf die Schulter und trabt mit ihm zum Lied.

Deutsche Übersetzung
Hopp, hopp, hopp, Pferdchen, lauf Galopp! Über Stock und Stein und Graben muss das Pferdchen weitertraben: Hopp, hopp, hopp, hopp, hopp, Pferdchen, lauf Galopp!

© a:primo

Tiere

08 Patschai killjee
பச்சைக்கிளி

Tamil

Hinweis
In Sri Lanka sind grüne Papageien sehr verbreitet.

Tamil

பச்சைக் கிளியே வா! வா! வா!
பாலும் சோறும் உண்ண வா!
கொச்சி மஞ்சள் பூச வா!
கொஞ்சி விளையாட வா!

Aussprache 💬
Patschai killjee waa! Waa! Waa!
Palum soorum unna waa!
Kotschi mandschal puusa waa!
Gondschi willaijadä waa!

Deutsche Übersetzung
Grüner Papagei, komm! Komm! Komm! Iss Reis und Milch, komm! Ich reibe dich mit gelber Kurkuma (Gewürz) ein, komm! Zum Spielen und Küssen, komm!

© a:primo

Tiere

Italienisch

09 Chicchirichì

Italienisch
Chicchirichì, canta il galletto.
Questo pane è troppo secco.
Non lo posso rosicchiare.
Chicchirichì, mi sento male!

Aussprache 💬
Giggiriggi, ganta il galletto.
Questo pane e troppo seggo.
Non lo posso rosiggiare.
Giggiriggi, mi sento male!

Deutsche Übersetzung
Kikeriki, ruft der Hahn. Dieses Brot ist viel zu hart. Ich kann es nicht kauen. Kikeriki, mir geht es schlecht!

10 Balschaia krakadila
Большая крокодила

Russisch
По улицам ходила
большая крокодила.
Она, она зелёная была.

Aussprache 💬
P**a u**liz**a**m ch**a**d**i**la
b**a**lsch**a**ia kr**a**k**a**d**i**la.
An**a**, an**a** sil**o**naja b**i**la.

Deutsche Übersetzung
Auf der Strasse ging Frau Krokodil. Sie, sie war grün.

Russisch

Spiel
Ein Krokodil nachahmen, das sein Maul auf- und zumacht. Dazu die Arme nach oben und unten weit auseinanderstrecken und blitzschnell wieder zuklappen.

Tiere

Bosnisch/Kroatisch/ Serbisch

Spiel
Bei «kap, kap, kap» mit den Fingern auf den Tisch trommeln, bei «šljap, šljap, šljap» mit den Füssen auf den Boden stampfen.

11 Kap, kap, kap

Bosnisch/Kroatisch/ Serbisch
Kaplje kiša kapljicama.
Kap, kap, kap.
Gazi patak baricama.
Šljap, šljap, šljap.

Aussprache 💬
K**a**plje kischa k**a**plizama.
Kap, kap, kap.
Gasi patak barizama.
Schlj**a**p, schlj**a**p, schlj**a**p.

Deutsche Übersetzung
Es regnet. Kap, kap, kap. Der Erpel geht. Schljap, schljap, schljap.

© a:primo

Tiere

12 Es rägnet uf de Platz

Schweizerdeutsch

Schweizerdeutsch
Es rägnet uf de Platz.
Da sitzt e schwarzi Chatz.
Si wäscht sich guet,
si wäscht sich guet,
bis es nüme rägne tuet.

Spiel
Das Baden und Waschen des Kindes mit dem Vers begleiten.

Deutsche Übersetzung
Es regnet auf den Platz. Da sitzt eine schwarze Katze. Sie wäscht sich gut, sie wäscht sich gut, bis es aufhört zu regnen.

© a:primo

Tiere

13 Döt äne am Bergli

1. Döt ä- ne am Bär- gli, döt schtaat e wi- ssi Geiss. Ich ha si we- le

mäl- che, do haut si mir eis. Ho- le duu- li, du- li duu- li. Ho- le du- li du- li du- li

duu- li. Ho- le duu- li, du- li duu- li. Ho- le du- li du- li du- li duu.

Schweizerdeutsch

Spiel
Dieses seit Jahrzehnten bekannte und beliebte Lied kann bei jeder Gelegenheit gesungen werden: auf Reisen, im Zug, im Auto, beim Wandern, beim Fiebermessen, beim Anziehen.

Deutsche Übersetzung
Dort drüben am Berge, da steht eine weisse Ziege. Ich wollte sie melken, da trat sie mich.

© a:primo

Tiere

2. Strophe
Si hett mir eis ghaue,
das tuet mir so wee.
Jetzt mälch i miner Läbtig
kei wissi Geiss mee.

Refrain

Deutsche Übersetzung
Sie hat mich getreten,
das tut mir so weh.
Jetzt melke ich mein Lebtag
keine weisse Ziege mehr.

3. Strophe
Vo Züri uf Basel,
do hett s es Tunnel.
We mer inechunt wird s dunkel,
we mer usechunt wird s hell.

Refrain

Deutsche Übersetzung
Von Zürich nach Basel,
da gibt es ein Tunnel.
Wenn man hineinkommt, wird es dunkel,
wenn man hinauskommt, wird es hell.

Tiere

Türkisch

14 Mini mini bir kuş

Mi - ni mi - ni bir kuş don - muş - tu. Pen - ce - re - me kon - muş - tu. Al - dım o - nu
Mi - ni mi - ni bir kusch don-musch-tu. Pen-dsche-re- me kon-musch-tu. Al - dem o - nu

i - çe - ri - ye. Çik çik çik çik öt - sün di - ye. Pr pr e - der - ken can - lan - dı.
i - tsche - ri - je. Tschk tschk tschk tschk öt - sün di - je. Pr pr e - der - ken tschan-lan - de.

E - lle - rim bak boş kal - dı.
E - lle - rim bak bosch kal - de.

Deutsche Übersetzung
*Ein winzig kleiner Vogel fror.
Er setzte sich an mein Fenster.
Ich nahm ihn herein, damit er
wieder «tschik tschik» pfeife.
Mit «pr pr» schwirrte er davon.
Schau, meine Hände sind leer.*

© a:primo

15 Tenho um cãozinho

Portugiesisch

Portugiesisch
Tenho um cãozinho.
Chamado Tó-tó.
Varre-me a casa.
Limpa-me o pó.

Aussprache
Tenju um gaouosinju.
Schamadu To-to.
Warre-me a gasa.
Limpa-me u po.

Deutsche Übersetzung
Ich habe ein Hündchen. Es heisst To-to. Es wischt mir das Haus. Putzt mir den Staub.

Tiere

Deutsch

Spiel mit einem Kind
Mit den Fingern den Arm des Kindes hinaufkrabbeln. Bei «Klinge-lingeling» das Kind am Ohr zupfen.
Antwortet das Kind auf die Frage mit Nein, so wird nach dem Herrn (der Frau) gesucht: «Wo ist er denn? Wo ist er denn?» («Wo ist sie denn? Wo ist sie denn?»)
Antwortet das Kind auf die Frage mit Ja, so wird der Herr (die Frau) besucht. Man schüttelt die Hand des Kindes und sagt: «Guten Tag! Guten Tag!»

16 Klingelingeling

Deutsch
Da kommt die Maus.
Da kommt die Maus.
Klingelingeling!
Ist der Herr (die Frau) zu Haus?

*Das Kind antwortet mit
Ja oder Nein.*

17 Kommt eine Maus

Deutsch

Kommt eine Maus.	*Mit der rechten Hand am linken Arm hinaufkrabbeln.*
Baut ein Haus.	*Mit den Händen ein Hausdach formen, die Fingerspitzen berühren sich.*
Kommt eine Mücke.	*Mit der linken Hand über dem rechten Arm tanzen.*
Baut eine Brücke.	*Daumen nach unten spreizen, Hände übereinanderlegen.*
Kommt ein Floh.	*Die rechte Hand hüpft den linke Arm hinauf und hinunter.*
Der macht – so!	*Kneifen oder kitzeln.*

© a:primo

Singen, tanzen, spielen

18 Annebäbeli

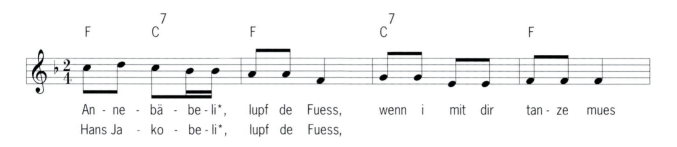

An-ne-bä-be-li*, lupf de Fuess, wenn i mit dir tan-ze mues
Hans Ja-ko-be-li*, lupf de Fuess,

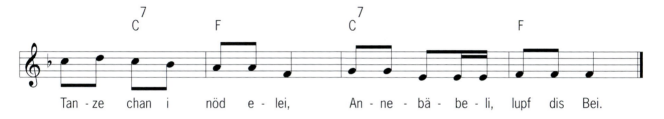

Tan-ze chan i nöd e-lei, An-ne-bä-be-li, lupf dis Bei.

Deutsche Übersetzung
Annebäbeli (Hans Jakobeli), hebe deinen Fuss, wenn ich mit dir tanzen muss. Tanzen kann ich nicht allein, Annebäbeli (Hans Jakobeli), hebe dein Bein.

Schweizerdeutsch

Spiel
Zu zweit einander gegenüberstehen, die Arme einhängen und zusammen zum Lied im Kreis herumtanzen.

© a:primo

Singen, tanzen, spielen

19 Ringel ringel Reie

Schweizerdeutsch
Italienisch
Bosnisch/Kroatisch/Serbisch
Albanisch

Spiel
Alle stellen sich im Kreis auf, fassen sich an den Händen und tanzen zum Lied im Kreis herum. Am Schluss jeder Strophe hocken sich die Kinder schnell hin, purzeln auf den Boden, gehen in die Knie, berühren mit den Fingerspitzen den Boden.

Deutsche Übersetzung
Ringel ringel Reihe, die Kinder gehen auf die Wiese, die Kinder gehen zu den Haselnusssträuchern und machen alle husch, husch, husch.

© a:primo

Singen, tanzen, spielen

Italienisch
Giro, giro tondo,
casca il mondo,
casca la terra,
e tutti giù per terra.

Deutsche Übersetzung
Dreh dich, dreh dich Erde, die Welt zerbricht, die Erde zerbricht,
und alle fallen zu Boden.

Aussprache 💬
Dschiro, dschiro tondo,
gasga il mondo,
gasga la terra,
e tutti dschu per terra.

Hinweis
Das Lied wird auch auf Italienisch zur Melodie von Ringel ringel Reihe gesungen.

Bei der Bosnisch/Kroatisch/Serbischen Version wird die erste Strophe zur Melodie von Ringel ringel Reihe gesunden und die zweite Strophe wird gesprochen.

Bosnisch/Kroatisch/ Serbisch
gesungen
Ringe, ringe, raja,
došo čika Paja,
pa pojeo jaja.
gesprochen
Jedno jaje muć,
a mi djeca čuč.

Aussprache 💬
Ringe ringe raja,
doscho tschika Paja,
pa pojeo jaja.

Jedno jaje mutsch,
a mi dscheza tschutsch.

Deutsche Übersetzung
Ringel ringel Reihe, der Onkel Paja ist gekommen, hat die Eier ge-
gessen, eines war faul, alle Kinder husch, husch, husch.

© a:primo

Singen, tanzen, spielen

Albanisch
Ringe ringe aja,
shporta është plot me dardha,
dhe rreth pemës ne vallzojmë,
nga një dardhë ta kafshojm'.

Deutsche Übersetzung
Rine ringe aja, ein Korb voll Birnen, wir tanzen um den Baum, und jeder beisst in eine Birne.

Aussprache 💬
Ringe ringe aja,
schport äscht plot me darsa,
se res pemes ne vallsojm,
ga nje darse ta kafschojm.

20 Chiquitín Manolín

Spanisch

Chi - qui - tín Ma - no - lín se que - rí - a ca-sar y que - rí - a vi - vir a la
Tschi-ggi - tin Ma - no - lin se ge - ri - a ga-sar. I ge - ri - a wi - wir a la

ori-lla del mar. Y que - rí - a lle - var pan - ta - lón y fu - sil. Y por eso le lla-man Ma - no -
ori-ja del mar. I ge - ri - a je - war pan - ta - lon i fu - sil. I por esso le ja-man Ma - no -

lín chi - qui - tín.
lin tschi-ggi- tin.

Deutsche Übersetzung

Der kleine Manolín wollte heiraten und er wollte am Meeresstrand leben. Und er wollte Hosen und ein Gewehr tragen. Und darum nannte man ihn kleiner Manolín.

Singen, tanzen, spielen

21 Zwei Buben wollen was kaufen

Deutsch

Spiel
Mit den Händen ein Hausdach formen.
Die beiden Zeigefinger als Ladentisch nach unten kippen.
Einen kleinen Finger als Verkäuferin zum Ladentisch drehen.
Die Daumen vor dem Ladentisch sind die beiden Buben (Mädchen).
Am Ende des Verses «Auf Wiedersehen» in der Muttersprache rufen.

«Auf Wiedersehen/Tschüss» in zwölf Sprachen
Albanisch: Mirë upafshim
Bosnisch/Kroatisch/Serbisch: Do vidjenja
Deutsch: Auf Wiedersehen, Tschüss
Englisch: Goodbye
Französisch: Au revoir
Italienisch: Arrivederci, Ciao
Portugiesisch: Até a vista, Adeus
Russisch: Do svidaniya
Schweizerdeutsch: Uf Widerluege, Tschau
Spanisch: Hasta luego, Adiós
Tamil: Poyitu varen
Türkisch: Güle güle

Deutsch
Zwei Buben (Mädchen) wollen was kaufen.
Da kommen sie gelaufen.
Was wollen sie?
Was wollen sie?
Kaffee, Kaffee, Kaffee!
Das haben wir nicht.
Das haben wir nicht.
Ade, ade, ade.
…
…

Schweizerdeutsch
Zwei Buebe (Meitli) wänd öppis go chaufe.
Da chömed si grad z laufe.
Was wetted si?
Was wetted si?
Kaffee, Kaffee, Kaffee!
Das hämmer nöd.
Das hämmer nöd.
Ade, ade, ade.
…
…

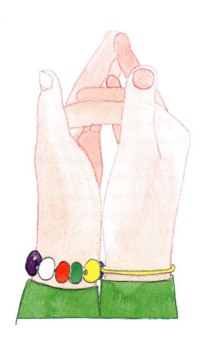

Singen, tanzen, spielen

22 Eu gosto muito

Portugiesisch
Eu gosto muito
de bater palminhas,
primeiro bem fortes
e depois levezinhas.

Aussprache 💬
Eu goschtu muitu
de bater palminjasch,
primeiro bem fortesch
e depoisch lewesinjasch.

Portugiesisch

Spiel
Zum Vers in die Hände klatschen:
erst laut, dann leiser werden.

Deutsche Übersetzung
Ich klatsche gerne, zuerst recht stark und dann feiner.

© a:primo

Singen, tanzen, spielen

Tamil

23 Waruga நல்வரவு

Wa-ru-ga! Wa-ru-ga! Wa-ru-ga-wee! Wa-lla-rum, tam-bi, tan-gai-chaal.
Wa-ru-ga, un-gal wa-ra-wu-nal Wa-ra-wu aa-ga ween-du-mee.

Tamil

வருக! வருக!! வருகவே!!!
வளரும் தம்பி தங்கைகாள்
வருக உங்கள் வரவு நல்
வரவு ஆக வேண்டுமே.

Deutsche Übersetzung
Komm! Komm! Komm! Bruder, Schwester, du bist gross geworden.
Komm, dein Besuch sei uns willkommen.

© a:primo

Singen, tanzen, spielen

24 Eis, zwei, drei, lupfed eui Bei

Schweizerdeutsch
Eis, zwei, drei,
lupfed eui Bei.
Lupfed eui Bei, Bei, Bei,
so chömed mir hüt na hei, hei, hei,
so chömed mir hüt na hei.
Ri ra rum,
jetzt chered mer wider um!

Deutsche Übersetzung
Eins, zwei, drei, hebt eure Beine. Hebt eure Beine, damit wir heute noch nach Hause kommen. Ri ra rum, jetzt kehren wir wieder um!

Schweizerdeutsch

Spiel
Mutter (Vater) und Kind oder je zwei Kinder fassen sich übers Kreuz an den Händen und marschieren zusammen los.

Bei jedem Schritt heben sie ihre Beine hoch.

Bei «Ri ra rum» kehren sie um, ohne die Hände loszulassen.

Mit dem Tempo spielen: Den Vers langsam bis schnell aufsagen und die Bewegungen entsprechend ausführen.

© a:primo

Singen, tanzen, spielen

25 Laja laja curalaja

La - ja la - ja cu - ra - la - ja, ne - sër mbra - ma, shkojm' te da - ja.
La - ja la - ja zu - ra - la - ja, ne - sär mbra - ma, schkojm' te da - ja.

Da - ja vjen. Gjë s'na bjen. Da - ja vjen. Gjë s'na bjen.
Da - ja vjen. Dsche s'na bjän. Da - ja vjen. Dsche s'na bjän.

Albanisch

Spiel

Immer zwei stehen sich gegenüber. Mit beiden Händen abwechslungsweise einmal in die eigenen Hände, einmal in die Hände des anderen klatschen. Nach «vjen» und nach «bjen» die Hände zu Fäusten ballen.

Deutsche Übersetzung

Laja laja zuralaja, morgen Abend gehen wir zum Onkel (Bruder der Mutter). Der Onkel kommt. Bringt uns nichts mit.

© a:primo

Singen, tanzen, spielen

26 Schuemächerli

Schue - mä - cher - li, Schue - mä - cher - li, was chosch-ted mi - ni Schue? Drü

Bä - tze - li, drü Bä - tze - li und d Ne - gel na de - zue.

Deutsche Übersetzung
Schuhmacher, Schuhmacher, was kosten meine Schuhe? Drei Münzen, drei Münzen, und dazu kommen noch die Nägel.

Schweizerdeutsch

Spiel
Zum Lied mit der Faust auf die Sohle eines Schuhs, Pantoffels, Stiefels, einer Sandale klopfen.

© a:primo

Singen, tanzen, spielen

27 Je te tiens

Je te tiens, tu me tiens, par la bar-bi-chet-te. Le pre-mier de nous deux,
Schö tö tiä, tü mö tiä, par la bar-bi-schet-te. Lö prö-mie dö nu dö,

qui ri-ra, au-ra une ta-pette. Un, deux, trois! Patch.
qi ri-ra, o-ra ün ta-pätt. Ö, dö, troa! Patsch.

Französisch

Spiel

Zwei zupfen einander gegenseitig mit einer Hand am Kinn. Die andere Hand wird offen hingehalten. Beide versuchen, nicht zu lachen. Wer zuerst lacht, bekommt einen leichten Schlag auf die Hand.

Deutsche Übersetzung
Ich packe dich, du packst mich am Bärtchen.
Der Erste von uns zwei, der lacht, bekommt einen Klaps auf drei: eins, zwei, drei!

© a:primo

Singen, tanzen, spielen

28 Holderi holderi Holderistock

Schweizerdeutsch
Holderi holderi Holderistock,
wie vil Finger streckt de Bock?

Das Kind rät. Hat das Kind falsch geraten:
Häsch es nüd verrate.
S git kän Güggelibrate.

Hat das Kind richtig geraten:
Häsch es grad verrate.
S git en Güggelibrate.

Mutter: Was häsch lieber: Gable oder Messer?
Kind: Messer.
Mutter: Schniide, schniide, schniide, schniide, schniide, schniide.
Kind: Gable.
Mutter: stäche, stäche, stäche, stäche, stäche, stäche.

Deutsch
Holderi holderi Holderistock,
wie viel' Finger streckt der Bock?

Das Kind rät. Hat das Kind falsch geraten:
Du hast es nicht erraten.
Es gibt keinen Hähnchenbraten.

Hat das Kind richtig geraten:
Du hast es erraten.
Es gibt einen Hähnchenbraten.

Mutter: Was ist dir lieber: Gabel oder Messer?
Kind: Messer.
Mutter: Schneiden, schneiden, schneiden, schneiden, schneiden, schneiden.
Kind: Gabel.
Mutter: Stechen, stechen, stechen, stechen, stechen, stechen.

Schweizerdeutsch

Deutsch

Spiel
Das Kind legt sich quer über die Knie der Mutter (des Vaters).

Die Mutter klopft mit den Fäusten leicht auf den Rücken des Kindes und drückt ihm dann ein bis fünf Finger in den Rücken.

Das Kind sagt eine Zahl. Ist sie falsch, gibt es keinen Hähnchenbraten.

Ist die Zahl richtig, entscheidet sich das Kind für Messer oder Gabel.

Wählt es das Messer, schneidet die Mutter auf dem Rücken mit der Handkante leicht hin und her.

Wählt es die Gabel, sticht ihm die Mutter mit drei ausgestreckten Fingern als Zinken leicht in den Rücken.

© a:primo

Singen, tanzen, spielen

29 Les petites marionnettes

Deutsche Übersetzung

So machen, machen, machen die kleinen Marionetten. So machen, machen, machen sie drei kleine Runden und dann gehen sie fort! Aber sie kommen zurück, die kleinen Marionetten. Aber sie kommen zurück, wenn die Kinder schlafen!

Singen, tanzen, spielen

Französisch

Spiel

Wie machen die kleinen Marionetten? Und so machen sie: Zum Lied mit den Händen tanzen, winken, klatschen. Bei «s'en vont» die Hände hinter dem Rücken verstecken.

«Ainsi font, font, font …»
Mit beiden Händen nach links und rechts winken.

«… les petites marionnettes.»
Die Hände vorwärts und rückwärts kippen.

«Ainsi font, font, font …»
Mit beiden Händen nach links und rechts winken.

«… trois p'tits tours et puis s'en vont!»
Im Kreis um sich selber drehen. Zum Schluss die Hände hinter dem Rücken verstecken.

Singen, tanzen, spielen

30 Que fait ma main?

Französisch

Spiel
Das Kind dem Vers entsprechend mit einer Hand streicheln, kneifen, kitzeln, kratzen, klopfen, oder tanzen. Am Schluss die Hand hinter dem Rücken verstecken.

Französisch
Que fait ma main?
Elle caresse: doux, doux, doux.
Elle pince: ouille, ouille, ouille.
Elle chatouille: guili, guili, guili.
Elle gratte: gre, gre, gre.
Elle frappe: pan, pan, pan.
Elle danse: hop, hop, hop.
Et puis ... elle s'en va!

Aussprache
Gö fä ma mä?
Ell garess: du, du, du.
Ell pääs: ui, ui, ui.
Ell schatui: gili, gili, gili.
Ell gratt: grö, grö, grö.
Ell frapp: paa, paa, paa.
Ell das: hop, hop, hop.
E püi ... ell s on wa!

Deutsche Übersetzung

Was macht meine Hand? Sie streichelt: fein, fein, fein.
Sie kneift: ui, ui, ui. Sie kitzelt: gili, gili, gili. Sie kratzt: gre, gre, gre.
Sie klopft: pan, pan, pan. Sie tanzt: hopp, hopp, hopp. Und dann ...
geht sie weg!

Singen, tanzen, spielen

31 Samaljot Самолёт

Russisch

Russisch
Самолёт построим сами.
Понесёмся над лесами.
Понесёмся над лесами.
А потом вернёмся к маме.

Aussprache
Samaljot pastrojm sami.
Ponjesjomsja nad liesami.
Ponjesjomsja nad liesami.
A patom wirnjomsja k mamje.

Deutsche Übersetzung
Unser Flugzeug bauen wir selbst. Dann fliegen wir schnell über die Wälder. Dann fliegen wir schnell über die Wälder. Und kommen zurück zu Mama.

Singen, tanzen, spielen

32 Ich han es chliises Schiffli

Schweizerdeutsch

Spiel
Aus (Zeitungs-)Papier ein Schiffchen falten und über den Tisch fahren oder in einem Wasserbecken schwimmen lassen.

Deutsche Übersetzung
Ich habe ein kleines Schiff und gehe damit an den See. Und gebe ihm einen kleinen Schubs, dann fährt es davon, juhee!

33 Zibedi zäbedi Zah

Schweizerdeutsch

Spiel
Beim Anziehen alle Kleidungsstücke und ihre Farben benennen.

*Name des Kindes einsetzen.

Schweizerdeutsch
Zibedi zäbedi Zah!
Jetzt legged mer d Julia* aa.
En rote Pulli legged mir aa.
En rote Pulli legged mir aa,
en rote, rote Pulli!

Deutsche Übersetzung
Zibedi zäbedi Zahn! Wir ziehen die Julia an. Einen roten Pullover ziehen wir an. Einen roten Pullover ziehen wir an, einen roten, roten Pullover.

© a:primo

Singen, tanzen, spielen

34 Eine kleine Dickmadam

Deutsch

Spiel
Das Kind auf den Arm nehmen und zum Vers herumtragen. Bei «krachte» das Kind «plumpsen» oder an den Händen fassen und zwischen den Beinen «durchfallen» lassen.

Deutsch
Eine kleine Dickmadam
fuhr einmal mit der Eisenbahn.
Dickmadam, die lachte,
Eisenbahn, die krachte.

Küchenverse

Spanisch

35 Palomitas

Spanisch
Palomitas, palomitas,
pas pas pas.
Die Arme nach unten schütteln.

Palomitas, palomitas,
pas pas pas.
Die Arme nach unten schütteln.

Les ponemos mantequilla
«Butter» auf den Bauch des Kindes streichen.

y mucha sal.
«Salz» über das Kind streuen.

Después nos las comemos.
«Popcorn» essen.

Mmh, qué ricas están!
Den Bauch des Kindes streicheln.

Aussprache
Palomitas, palomitas,
pas pas pas.

Palomitas, palomitas,
pas pas pas.

Les ponemos mantegija

i mutscha sal.

Despues nos las gomemos.

Mmh, ge riggas estan!

Deutsche Übersetzung
Popcorn, Popcorn, pas pas pas. Popcorn, Popcorn, pas pas pas. Wir geben Butter und viel Salz darauf. Dann essen wir es. Mmh, wie gut es ist!

Küchenverse

36 De Hansli am Bach

Schweizerdeutsch
De Hansli am Bach
hätt luter guet Sach:
Hätt Fischli zum Zmorge
und Chräbsli zum Znacht.

Deutsche Übersetzung
Hans am Bach hat lauter gute Sachen: Hat kleine Fische zum Frühstück und kleine Krebse zum Abendessen.

Schweizerdeutsch

Spiel
Mit den Kindern neue Mahlzeiten für Hansli ausdenken, zum Beispiel: «Hätt Nudle zum Zmorge und Gipfel zum Znacht.»

Küchenverse

Deutsch

37 Bum bam beier!

Deutsch
Bum bam beier!
Die Katz' mag keine Eier.
Was mag sie dann?
Speck in der Pfann!
Ei, wie lecker ist unsre Madam!

Küchenverse

38 Uno due tre

Italienisch
Uno due tre
Spaghetti patate caffè
Spaghetti patate caffè caffè
Uno due tre

Aussprache 💬
Uno due tre
Spag**e**tti pat**a**te gaff**e**
Spag**e**tti pat**a**te gaff**e** gaff**e**
Uno d**u**e tre

Italienisch

Spiel
Der Vers ist sehr rhythmisch:
Dazu klatschen, stampfen oder mit einer Gabel auf den Tisch klopfen.

Deutsche Übersetzung
Eins zwei drei, Spaghetti, Kartoffeln, Kaffee. Spaghetti, Kartoffeln, Kaffee, Kaffee. Eins zwei drei.

© a:primo

Küchenverse

Albanisch

39 Eni meni ceni

Albanisch
Eni meni ceni
Ceni çokollada
Boza limunada
Traf trif truf
Bani barku buf!

Aussprache
Eni meni zeni
Zeni tschokollada
Bosa limunada
Traf trif truf
Bani barku buf!

Deutsche Übersetzung
Eni meni zeni. Zeni Schokolade, Sirup Limonade. Traf trif truf. Der Bauch macht «Buff»!

Küchenverse

40 Çan çan çikolata

Türkisch

Türkisch
Çan çan çikolata,
hani bana limonata?
Limonata bitti,
hanım kızı gitti.
Nereye gitti?
Istanbul' a gitti.
Istanbul' da ne yapacak?
Terlik, pabuç alacak.
Terlik pabucu ne yapacak?
Düğünlerde şıngır mıngır
giyecek.

Aussprache
Tschan tschan tschikolata,
hani bana limonata?
Limonata bitte,
hanem köse gitte.
Nereye gitte?
Istanbul a gitte.
Istanbul da ne japadschak?
Terlik pabutsch aladschak.
Terlik pabudschö ne japadschak?
Dünlere schngr mngr
gijedschek.

Deutsche Übersetzung

Tschan tschan Schokolade, wo ist die Limonade? Die Limonade ist ausgegangen, das Fräulein ist weggegangen. Wohin ist es gegangen? Nach Istanbul ist es gegangen. Was will es in Istanbul tun? Pantoffeln und Schuhe kaufen. Was hat es vor mit den Pantoffeln und Schuhen? An den Hochzeiten «schngr mngr» prahlen.

© a:primo

Küchenverse

41 Tapshin

Albanisch

Hinweis
*Vajza = Tochter
*Gjali = Sohn

Tap - shin tap - shin ti na no, në - na pje - kë pi - ten
Tap - schin tap - schin ti na no, nä - na pje - ke pi - ten

o. O ri ri, *vaj - za jo - në si flo - ri.
o. O ri ri, *vai - sa jo - nä si flo - ri.
            *gja-li
            *dja-li

Deutsche Übersetzung

*Tapschin tapschin ti na no, Mutter bäckt Piten (salziges Gebäck).
O ri ri, unsere Tochter (unser Sohn) ist wie Gold.*

© a:primo

Küchenverse

42 Fiş fiş

Türkisch

Türkisch
Fiş fiş kayıkçı,
kayıkçının küreği.
Tıp tıp eder yüreği.
Akşama fincan böreği.

Aussprache 💬
Fisch fisch kajäktsche,
kajäktschenen küreje.
Tp tp eder jüreji.
Akschama findschan böreji.

Deutsche Übersetzung
Fiş fiş (bedeutet hier nichts) Bootsmann, die Ruder des Bootsmanns.
Tp tp, schlägt sein Herz. Abends gibt es runde Pasteten.

© a:primo

Küchenverse

43 Lirum larum Löffelstiel

Deutsch

Spiel
Zum Vers verschiedene Dinge auf einem Esslöffel herumtragen, je nach Geschicklichkeit des Kindes: eine Kartoffel, eine Zwiebel, eine Nuss.

Zum Vers löffelweise Wasser von einer Tasse zur andern bringen.

Zum Vers eine Gabel auf dem Löffel balancieren.

Deutsch
Lirum larum Löffelstiel,
wer das nicht kann,
der kann nicht viel!

Küchenverse

44 Era uma vez

Portugiesisch

Portugiesisch
Era uma vez
um homem e uma mulher.
Queriam comer
e não tinham colher.
Aussprache 💬

Era uma wesch
um **o**mem e uma muj**e**r.
Gr**i**am gom**e**r
e nao t**i**njam goj**e**r.

Spiel
In jede Hand einen Löffel nehmen.
Bei «homem» wackelt der eine Löffel, bei «mulher» der andere.
Bei «e não tinham colher» die Löffel ablegen.

Deutsche Übersetzung
Es waren einmal ein Mann und eine Frau. Sie wollten essen und hatten keinen Löffel.

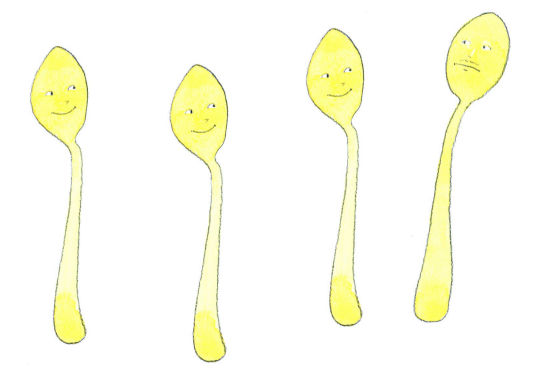

© a:primo

Zehenspiel

45 Mini Zeche

Schweizerdeutsch
Eis, zwei, drü, vier, füf,
mini Zeche händ kei Schtrümpf.
Füf, vier, drü, zwei, eis und Schluss,
em grosse Zeche en dicke Kuss!

Deutsch
Eins, zwei, drei, vier, fünf,
meine Zehen haben keine Strümpf'.
Fünf, vier, drei, zwei, eins und Schluss,
der grosse Zeh kriegt einen Kuss!

> **Schweizerdeutsch**
>
> **Spiel**
> Der Reihe nach an den Zehen des Kindes ziehen: Immer beim grossen Zeh beginnen. Am Schluss versucht das Kind, den eigenen grossen Zeh zu küssen.

© a:primo

Fingerspiel

46 Dä isch is Wasser gfalle

Schweizerdeutsch
Dä isch is Wasser gfalle.
Dä hätt en usezoge.
Dä hätt en heitreit.
Dä hätt en is Bett gleit.
Und das chliine Leckersmeitli*
hätt s em Vater und de
Mueter gseit.

Schweizerdeutsch

Deutsch

Spiel
Zum Vers der Reihe nach mit dem Zeigefinger der einen Hand die Finger der anderen Hand drücken: Mit dem Daumen beginnen.

Variante: Die Hand des Kindes nehmen und mit dem Fingervers abzählen.

*Und de chli Leckersbueb

47 Der ist in den Brunnen gefallen

Deutsch
Der ist in den Brunnen gefallen.
Der hat ihn rausgeholt.
Der hat ihn ins Bett gelegt.
Der hat ihn schön zugedeckt.
Und der klitzekleine Schelm
hat ihn wieder aufgeweckt.

© a:primo

Kniereiter

Tamil

Spiel mit einem Kind
Das Kind seitwärts auf die Knie setzen und rhythmisch zum Singsang des Kniereiters schaukeln. Am Ende das Kind nach unten «fallen» lassen.

*Alle Ausdrücke – bunter Papagei, Öllampe, süsse Taube usw. – werden als Kosenamen für Kinder verwendet.

48 Saaintaadamma
சாய்ந்தாடம்மா சாய்ந்தாடு

1. Strophe
சாய்ந்தாடம்மா சாய்ந்தாடு!
சாயக் கிளியே சாய்ந்தாடு!
குத்து விளக்கே சாய்ந்தாடு!
கொஞ்சும் புறாவே சாய்ந்தாடு!

Aussprache
S**aa**intaadamma s**aa**intaadu!
Sajakk illj**ee** s**aa**intaadu!
Kutu willakk**ee** s**aa**intaadu!
Kojum puraw**ee** s**aa**intaadu!

Deutsche Übersetzung
Schaukle Kindchen, schaukle! Bunter Papagei, schaukle! Öllampe, schaukle! Süsse Taube, schaukle!

2. Strophe
கண்ணே மணியே சாய்ந்தாடு!
கட்டிக் கரும்பே சாய்ந்தாடு!
தேனே பாலே சாய்ந்தாடு!
தீந்தமிழ் முத்தே சாய்ந்தாடு!

Aussprache
Kann**ee** mannij**ee** s**aa**intaadu!
Kaddik karump**ee** s**aa**intaadu!
Teen**ee** paal**ee** s**aa**intaadu!
Tint tamil**ee** s**aa**intaadu!

Deutsche Übersetzung
Augenstern, schaukle! Saftiges Zuckerrohr, schaukle! Honig und Milch, schaukle! Tamil und Perlen, schaukle!

© a:primo

Fingerspiel

49 Petit pouce part en voyage

Französisch
Petit pouce part en voyage.
Celui-ci l'accompagne.
Celui-ci porte la valise.
Celui-là tient le parapluie.
Et le tout petit court derrière lui.

Aussprache 💬
Pöti puss par o wojasch
Sölüi si l aggompanje
Sölüi si port la walis
Sölüi la tiä le paraplüi
E lö tu pöti gur derriär lüi

Deutsche Übersetzung
Der kleine Daumen reist in die Ferien. Dieser hier begleitet ihn. Dieser hier trägt den Koffer. Dieser da hält den Regenschirm. Und der ganz Kleine rennt hinter ihm her.

Französisch

Spiel
Zum Vers der Reihe nach mit dem Zeigefinger der einen Hand die Finger der anderen Hand drücken: Mit dem Daumen beginnen.

Variante: Die Hand des Kindes nehmen und mit dem Fingervers abzählen.

© a:primo

Trostverse

Spanisch

Schweizerdeutsch

Spiel
Ein Vers aus Kolumbien zum Trösten: Das Kind zum Vers wiegen. Am Schluss des Verses den Schmerz fortblasen.

*Name des Kindes einsetzen.

50 Sana que sana

Spanisch
Sana que sana
colita de rana.
Si no sana hoy
sanará mañana.
Y si no – la otra semana.

Aussprache
Sana ge sana
golita de rana.
Si no sana oi
sanara manjana.
I si no – la otra semana.

Deutsche Übersetzung
Heile heile, Froschhintern. Heilt es nicht heute, so heilt es morgen. Wenn nicht, dann in einer Woche.

51 Heile, heile, Säge

Schweizerdeutsch
Heile, heile, Säge
S Chätzli uf de Stäge
S Müsli uf em Dach
Dass de Josef* wider lacht

Deutsche Übersetzung
Heile, heile, Segen, das Kätzchen auf der Treppe, das Mäuschen auf dem Dach, damit Josef wieder lacht.

Kniereiter

52 Rite, rite, Rössli

Schweizerdeutsch
Rite, rite, Rössli!
Z Bade staat es Schlössli.
Z Bade staat es goldigs Huus,
lueged drüü Mareie druus:
Di eint schpinnt Siide,
di ander schnätzlet Chriide,
di dritt schpinnt Haberschtrau –
bhüet mir Gott mis Schätzeli au!

Deutsche Übersetzung
Reite, reite, Rösschen! In Baden steht ein Schlösschen. In Baden steht ein goldenes Haus, schauen drei Mädchen hinaus: Eines spinnt Seide, das andere schneidet Kreide, das dritte spinnt Haferstroh – behüte Gott auch mein Schätzchen!

Schweizerdeutsch

Spiel
Das Kind so auf den Schoss setzen, dass man sich anschauen kann. Das Kind an den Händen fassen. Den Vers rhythmisch mit den Knien begleiten und das Kind beim letzten Wort weit nach hinten fallen lassen, dabei die Hände des Kindes gut festhalten.

Tipp: Den Vers verschieden schnell sprechen.

© a:primo

Wiegenlieder

Schweizerdeutsch

53 Chindli mii, schlaf nu ii

Chind - li mii, schlaf nu ii, d Schtern - li wänd jetz schii - ne.

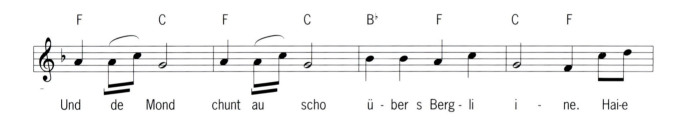

Und de Mond chunt au scho ü - ber s Berg - li i - ne. Hai-e

bu - tte Wie - ge - li. Schlaf, mis Chind - li, schlaf nu ii.

© a:primo

Wiegenlieder

Deutsche Übersetzung
Kindchen mein, schlaf nur ein, die Sterne wollen scheinen. Und der Mond kommt auch schon über die Berge. Haie butte Wiegelein. Schlaf, mein Kindlein, schlaf nur ein.

Wiegenlieder

Tamil

54 Araro arivero?
தாலாட்டு

1. Ar - ar - o ar - i - ve - ro?
2. Ar - a - di-tschu ni a - le dai?

1. Strophe

ஆராரோ ஆரிவரோ

ஆராரோ ஆரிவரோ

ஆராரோ ஆரிவரோ

2. Strophe

ஆரடிச்சு நீயழுதாய்

ஆரடிச்சு நீயழுதாய்

ஆரடிச்சு நீயழுதாய்

Deutsche Übersetzung
*Wer hat uns dieses Kind gegeben? Wer hat uns dieses Kind gegeben? Wer hat uns dieses Kind gegeben?
Warum weinst du? Warum weinst du? Warum weinst du?*

© a:primo

55 Plakala mala Vidica

Bosnisch/Kroatisch/Serbisch

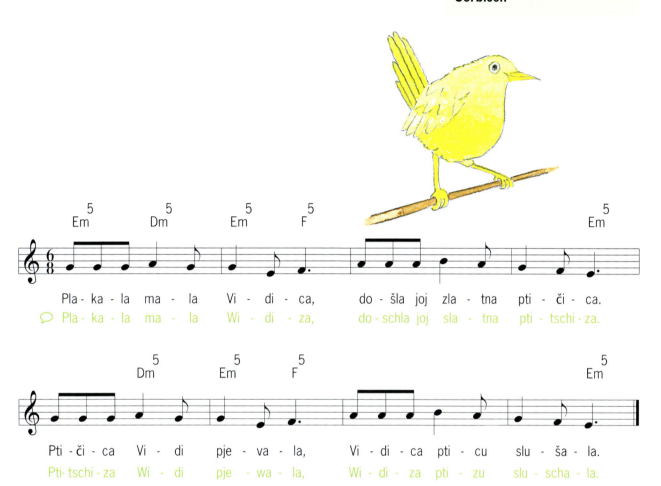

Pla - ka - la ma - la Vi - di - ca, do - šla joj zla - tna pti - či - ca.
Pla - ka - la ma - la Wi - di - za, do - schla joj sla - tna pti - tschi - za.

Pti - či - ca Vi - di pje - va - la, Vi - di - ca pti - cu slu - ša - la.
Pti - tschi - za Wi - di pje - wa - la, Wi - di - za pti - zu slu - scha - la.

Deutsche Übersetzung

Die kleine Vidica hat geweint, da kam ein goldenes Vögelein. Das Vögelein hat für Vidica gesungen. Vidica hörte das Singen.

Wiegenlieder

Italienisch

56 Bolli bolli pentolino

Bo - lli bo - lli pen - to - li - no, fai la ni - nna, bel bam -

bi - no. Fai la ni - nna, fai la na - nna, bim - bo d'o - ro de - lla

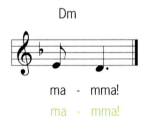

ma - mma!

Deutsche Übersetzung
Koche, koche, Pfännchen, schlafe, schönes Kind. Mach ein Schläfchen, mach ein Schläfchen, Goldkind deiner Mutter!

© a:primo

Nicht auf CD

57 Baranê bibar!

Kurdisch Kurmancî

Vers aus Syrien und der Türkei.

Kurdisch Kurmancî
Baranê bibar!
Baranê bibar!
Qijaqê li te kir hawar:
Çûçika genimê me xwar!

Aussprache
Barane bibar!
Barane bibar!
Kischake li te kir hawar:
tschutschika genime me chwar!

Deutsche Übersetzung
Regen, komm! Regen, komm!
Die Elster hat dich um Hilfe gerufen:
Die Sperlinge haben unseren Weizen gefressen!

Nicht auf CD

Arabisch aus Syrien

Spiel
Zum Vers wird auf den Ball geschlagen, so, dass er wieder aufspringt.

58 Tapti hamra
طَابتي حَمْراء

Arabisch aus Syrien **Aussprache** 💬

طَابتي حَمْراء   Tabti hamra

لونْها وَرْدي   Lona wardy

يا مَحلاها   Ja mahlaha

لمّا تهَدّي   Lamma thäddi:

بُم بُم بُم   Bum bum bum

Deutsche Übersetzung
*Mein Ball ist rot
und rosa.
Er ist sehr schön.
Wenn er stoppt:
Bum bum bum*

59 Kolhum andon sayarat

كُلُهُمْ عَنْدهُمْ سَيّارات

Arabisch aus Syrien

Spiel
Zum Vers reitet das Kind auf den Knien der Mutter (des Vaters) oder auf einem Stuhl. Bei «polis» (Polizist) gibt es Handzeichen, und am Schluss ruft es:
Pip pip pip.

Arabisch aus Syrien   **Aussprache**

كُلُهُمْ عَنْدهُمْ سَيّارات   Kolhum andon sayarat.

وَجِدي عَنْدُه حِمَار   Wa dschedi ando hemar.

بِيرَكِبْنا خَلْفُهُ   Berakebna chalfo.

وبِياخِذْنا مِشْوار   Wabiyachedna meschwar.

والبوليسْ يُصَفِرْلُهْ   Wel polis ysaferlo.

بِاِيْدوا يُأَشِرْلُهْ   Pi ido yaascherlo.

سَيّارات تُزَمِرْلُهْ   Siyarat tzamerlo:

بِيبْ بيبْ بيبْ   Pip pip pip

Deutsche Übersetzung
Alle haben ein Auto.
Und mein Grossvater hat einen Esel.
Er lässt uns hinter sich reiten.
Wir machen einen Ausflug.
Und der Polizist pfeift.
Er gibt ein Handzeichen.
Und die Autos hupen:
Pip pip pip

Nicht auf CD

60 Tsimbilali tsaeda tsaeda
ጽምብላሊዕ ጻዕዳ ጻዕዳ

Tigrinya

Tigrinya wird vorwiegend in Eritrea gesprochen.

Spiel

Zum Vers wird das Kind hin und her geschaukelt.

Tigrinya
ጽምብላሊዕ ጻዕዳ ጻዕዳ
ው ክጽብቕ ዝኽሳዳ
ንየው ነጀው ትብል ኣላ
ንየው ነጀው ትብል ኣላ

Aussprache
Tsimbilali tsaeda tsaeda.
Wu kitsibik zi kisada.
Niew nedjew tibil ala.
Niew nedjew tibil ala.

Deutsche Übersetzung
Schmetterling weiss weiss.
Wie schön ist sein Hals.
Er bewegt sich hin und her.
Er bewegt sich hin und her.

Hier kannst du ausmalen